W0084723

Alles Gute zum
Geburtstag

arsEdition

Alles Gute zum Geburtstag

Herzlichen Glückwunsch zu deinem Geburtstag! Dieses Geschenk steht für all die guten Wünsche und Gedanken, die dich im nächsten Lebensjahr begleiten sollen. Genieße diesen schönen Tag und geh freudig der *Zukunft* entgegen, die immer neue Träume, Möglichkeiten, Glücksmomente und viel Sonnenschein für dich bereithält.

Weisheiten und Zitate aus aller Welt laden zum Träumen und Schmunzeln ein. Und weil jeden Tag irgendwo auf der Erde Geburtstag gefeiert wird, findest du hier viel Wissenswertes zu witzigen Geburtstagsbräuchen und kuriose Fakten über das Geburtstagfeiern. *Ein Hoch auf das Geburtstagskind!*

Alles Gute!

Du machst uns Freude, wenn du Freude hast.

Johann Wolfgang von Goethe *(1749–1832)*
Deutscher Dichter

Jeder Tag ist gut.
Weil du
am *Leben* bist,
ist jeder Tag gut!

Indianische Weisheit

Alles Gute! | *9*

So wünscht die Welt:

Buon compleanno!

(Italien)

Hau'oli la hanau!

(Hawaii)

Chronia pola!

(Griechenland)

Gelukkige verjaardag!

(Niederlande)

Ois guade winsch i dia zum Gbuadsdoag!

(Österreich)

Wszystkiego Najlepszego!

(Polen)

La multi ani!

(Rumänien)

¡Feliz cumpleaños!

(Spanien)

Grattis på födelsedagen!

(Schweden)

Doğum günün kutlu olsun!

(Türkei)

Boldog születésnapot!

(Ungarn)

Möge dein Weg voller *Überraschungen* sein, mit treuen Gefährten an deiner Seite und einer großen Portion Heiterkeit im Gepäck.

Irischer Segenswunsch

Glück

Das Lied, das wir als »Happy Birthday« kennen, wurde bereits 1893 von den zwei amerikanischen Schwestern Mildred und Patty Hill aus Louisville, Kentucky, geschrieben. Zu der Melodie war der ursprüngliche Text »Good morning to all« als Begrüßungslied für den Kindergarten gedacht.

1924 fügte der Textautor
Robert C. Coleman eine zweite
Strophe hinzu, die heute als
»Happy Birthday« gesungen
wird. Weltweit erfreute sich
das Lied danach größter
Beliebtheit und wird auch
in nicht englischsprachigen
Regionen zum *Geburtstag*
gesungen.

Man sollte
Anteil nehmen
an der Freude,
der Schönheit,
der *Farbigkeit*
des Lebens.

Oscar Wilde *(1854–1900)*
Irischer Schriftsteller

Genieße mit Fantasie!
Alle Genüsse sind
letztlich Einbildung.
Wer die beste *Fantasie*
hat, hat den größten
Genuss.

Theodor Fontane *(1819–1898)*
Deutscher Schriftsteller

Die Lebensspanne
ist die gleiche,
ob man sie lachend
oder weinend
verbringt.

Weisheit aus Japan

Lachen tut gut –
ob man damit älter wird?
Zumindest glücklicher!

Versuche es und lächle den
Leuten zu, wenn du durch die
Straßen läufst. Du wirst sehen,
gute Laune macht froh und
steckt außerdem an.
Der älteste Mensch, dessen
Lebensdauer dokumentiert
wurde, ist Jeanne Calment
(21. Februar 1875 – 4. August 1997).

Die Französin wurde in der Stadt Arles in der Provence geboren. Mit 85 fing sie zu fechten an. Internationale Bekanntheit erlangte sie 113-jährig, als sie von ihrer Bekanntschaft mit Vincent van Gogh als Jugendliche berichtete. Jeanne Calment wurde genau *122 Jahre,* 5 Monate und 14 Tage alt.

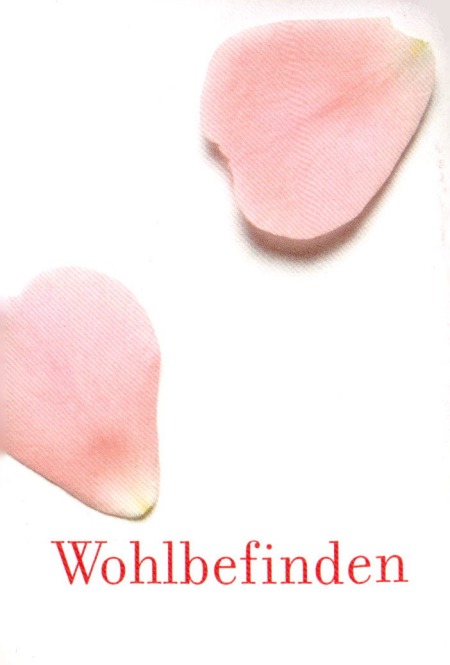

Wohlbefinden

Tu deinem Leib etwas *Gutes,* damit deine Seele Lust hat, darin zu wohnen.

Teresa von Ávila *(1515–1582)*
Spanische Kirchenlehrerin

Jeder, der sich
die Fähigkeit
erhält, *Schönes*
zu erkennen, wird
nie alt werden.

Franz Kafka *(1883–1924)*
Österreichisch-tschechischer Schriftsteller

Monde und Jahre vergehen und sind immer vergangen, aber ein schöner *Moment* leuchtet das ganze Leben hindurch.

Franz Grillparzer *(1791–1872)*
Österreichischer Schriftsteller

Na denn, Prost!

Ein Sekt zum Empfang der Gäste lässt sich leicht aufpeppen. Zum Beispiel mit einem Schuss Holunderblütensirup und ein paar frischen Blaubeeren. Natürlich kann man je nach Geschmack Sirup und Beeren variieren. Das ist schnell gemacht und besonders im Sommer erfrischend! Einfach ausprobieren!

Wünsch dir was!

Schon die Griechen brachten der Mondgöttin Artemis runde Honigkuchen mit Kerzen dar. Die Kerzen symbolisierten das Leuchten des Mondes. Außerdem sollten die Bitten und *Wünsche* mit dem Rauch der Kerze zur Göttin getragen werden, damit sie in Erfüllung gingen. Dadurch ist wohl der Brauch entstanden, am Geburtstag Kerzen auszublasen und sich etwas zu wünschen.

Freundschaft

Die Bande der
Freundschaft sollen
stets fest geknüpft sein,
auf dass sie dir
Halt und *Zuversicht*
geben.

Weisheit aus Irland

Menschen zu finden,
die mit uns fühlen
und empfinden,
ist wohl das schönste
Glück auf Erden.

Carl Spitteler *(1845–1924)*
Schweizer Schriftsteller

Von der Freundschaft

Und bewahrt euer Bestes für
euren Freund. Wenn er die
Ebbe eurer Gezeiten kennen
soll, dann lasst ihn auch teil-
haben an eurer Flut. Denn was
ist der Freund für euch, dass
ihr ihn aufsucht, um euch die
Zeit zu vertreiben? Sucht ihn
immer nur auf, um die Zeit mit
ihm zu durchleben. Denn er
ist da, um eure Bedürfnisse zu
befriedigen, nicht aber

eure Leere zu füllen. Und lasst die Süße der Freundschaft mit *Lachen* erfüllt sein und mit geteilten Freuden. Denn im Tau der kleinen Dinge findet das Herz seinen Morgen und wird erfrischt.

Khalil Gibran *(1883–1931)*
Libanesisch-amerikanischer Philosoph

Es muss *Herzen* geben, welche die ganze Tiefe unseres Wesens kennen und auf uns schwören, selbst wenn die ganze Welt uns verlässt.

Karl Gutzkow *(1811–1878)*
Deutscher Schriftsteller

Ob die Erfüllung eigentlich etwas mit den Wünschen zu tun hat? Ja, solang der Wunsch schwach ist, ist er wie eine Hälfte und braucht das Erfülltwerden wie eine zweite Hälfte, um etwas Selbstständiges zu sein. Aber *Wünsche* können so wunderbar zu etwas Ganzem, Vollem, Heilem auswachsen, das sich gar nicht mehr ergänzen lässt, das nur noch aus sich heraus zunimmt und sich formt und füllt.

Rainer Maria Rilke *(1875–1926)*
Österreichisch-tschechischer Dichter

Ich denke,
wünschen hilft.

Rahel Varnhagen *(1771–1833)*
Deutsche Schriftstellerin

Humor

Bemüh dich nur
und sei recht froh,
der Ärger kommt
schon sowieso.

Wilhelm Busch *(1832–1908)*
Deutscher Schriftsteller

Was der
Sonnenschein
für die Blumen,
ist das lachende
Gesicht für die
Menschen.

Joseph Addison *(1672–1719)*
Britischer Dichter

Die Geburtstage

Schriftliche Gratulationen verfasse man in Prosa, denn es sind immer schon schlechte Verse eingetroffen, und ein wirklicher Unsinn tritt in der Prosa nicht so bemerkbar hervor. Man lasse überhaupt das Dichten zu Geburtstagen. Meist wird doch von Leuten gedichtet, die es nicht können … Der offizielle Titel der oder des den Geburtstag Feiernden vom 35. Jahre aufwärts lautet »Geburtstagskind«. Das Geburtstagskind sieht immer vorzüglich aus. Noch gestern wurde davon gesprochen. So möchte man selber aussehen. Vorsichtig sei man bei älteren Geburtstagskindern mit dem Wunsch: bis zum hundertsten Wiegenfest. Manchen ist dies zu wenig, da sie nicht weit genug von demselben entfernt sind ... Alle auf dem Geburtstagstisch ausgestellten *Geschenke* finde man blendend, selbst die fürchterlichen gestickten Sofakissen. Sind die aus guten Delikatessenhandlungen

abgesandten »Stillleben«
mit dem ganzen Komfort der
Friandise ausgestattet, so nehme
man vertrauensvoll die Einladung
zum morgigen Mittagessen an.
Als Gatte des Geburtstagskindes
esse man möglichst viele von den
auf den Schüsseln ausliegenden
belegten Butterbrötchen, sonst
muss man sie am anderen
Tage essen. Dann sind sie aber
vertrocknet.

Aus: »Der moderne Knigge«
Von: **Julius Stettenheim** *(1831–1916)*
Deutscher Schriftsteller

Wende dein Gesicht
der *Sonne* zu,
und du lässt die Schatten
hinter dir.

Weisheit aus Afrika

Leben allein genügt
nicht, sagte
der Schmetterling.
Sonnenschein,
Freiheit und eine
kleine Blume muss man
auch haben.

Hans Christian Andersen *(1805–1875)*
Dänischer Schriftsteller

Weisheit

Beginne damit,
das Nötige zu
tun. Dann tue
das Mögliche und
plötzlich tust du
das Unmögliche.

Franz von Assisi *(um 1181–1226)*
Italienischer Kirchenlehrer

Das Leben ist *bezaubernd,* man muss es nur durch die richtige Brille ansehen.

Alexandre Dumas *(1824–1895)*
Französischer Schriftsteller

Das Geschenk der Feen

Zu der Wiege eines jungen Prinzen traten zwei wohltätige Feen. »Ich schenke diesem meinem Liebling«, sagte die eine, »den scharfsichtigen Blick des Adlers, dem in seinem weiten Reich auch die kleinste Mücke nicht entgeht.« »Das Geschenk ist schön«, unterbrach sie die zweite Fee. »Der Prinz wird ein einsichtsvoller Monarch werden. Aber der Adler besitzt nicht allein Scharfsichtigkeit, die kleinsten Mücken zu bemerken, er besitzt auch eine edle Verachtung, ihnen nicht nachzujagen. Und diese nehme der Prinz von mir zum *Geschenk!*«

»Ich danke dir, Schwester, für diese weise Einschränkung«, versetzte die erste Fee. »Es ist wahr; viele würden weit größere Könige gewesen sein, wenn sie sich weniger mit ihrem durchdringenden Verstand bis zu den kleinsten Angelegenheiten hätten erniedrigen wollen.«

Gotthold Ephraim Lessing *(1729–1781)*
Deutscher Schriftsteller

Wer *Vertrauen* hat, erlebt jeden Tag Wunder.

Epikur *(um 341–270 v. Chr.)*
Griechischer Philosoph

Zufriedenheit

Glücklich & zufrieden

Es kamen einmal ein paar Suchende zu einem alten Zen-Meister. »Herr«, fragten sie, »was tust du, um glücklich und zufrieden zu sein? Wir wären auch gerne so *glücklich* wie du.« Der Alte antwortete mit mildem Lächeln: »Wenn ich liege, dann liege ich. Wenn ich aufstehe, dann stehe ich auf. Wenn ich gehe, dann gehe ich, und wenn ich esse, dann esse ich.« Die Fragenden schauten etwas betreten in die Runde. Einer platzte heraus: »Bitte, treibe keinen Spott mit uns. Was du sagst, tun wir auch. Wir schlafen, essen und gehen. Aber wir sind nicht glücklich. Was ist also dein Geheimnis?« Es kam die gleiche Antwort: »Wenn ich liege, dann liege ich. Wenn ich aufstehe, dann stehe ich auf. Wenn ich gehe, dann gehe ich, und wenn ich esse, dann esse ich.«

Die Unruhe und den Unmut
der Suchenden spürend, fügte
der Meister nach einer Weile
hinzu: »Sicher liegt auch ihr
und ihr geht auch und ihr esst.
Aber während ihr liegt, denkt
ihr schon ans Aufstehen.
Während ihr aufsteht, überlegt
ihr, wohin ihr geht, und
während ihr geht, fragt ihr
euch, was ihr essen werdet.
So sind eure Gedanken
ständig woanders und nicht
da, wo ihr gerade seid. In

dem Schnittpunkt zwischen Vergangenheit und Zukunft findet das eigentliche Leben statt. Lasst euch auf diesen nicht messbaren *Augenblick* ganz ein, und ihr habt die Chance, wirklich glücklich und zufrieden zu sein.«

Zen-Geschichte

Das Glück ist nicht in einem ewig lachenden *Himmel* zu suchen, sondern in ganz feinen Kleinigkeiten, aus denen wir unser Leben zurechtzimmern.

Carmen Sylva *(1843–1916)*
Deutsch-rumänische Schriftstellerin

Was machen Sie? Nichts. Ich lasse das Leben auf mich regnen.

Rahel Varnhagen *(1771–1833)*
Deutsche Schriftstellerin

Die *Seligkeit* eines Augenblicks verlängert das Leben um tausend Jahre.

Weisheit aus Japan

Geburtstags-
bräuche

In Mexiko ...

... wird an Geburtstagen ein Tier aus Pappmaschee gebastelt und mit Süßigkeiten und kleinen Geschenken gefüllt. Die sogenannte Piñata wird an der Decke aufgehängt und von Kindern so lange mit Stöcken geschlagen, bis sie aufplatzt. Dann werden Süßigkeiten und Geschenke aufgeteilt.

In Kolumbien ...

... bekommt man am Geburtstag so viele Eier auf dem Kopf zerschlagen, wie man Jahre zählt. Danach wird Mehl über dem Geburtstagskind verschüttet – das bringt Glück!

In Dänemark ...

... wird am Geburtstag die Nationalflagge aus dem Fenster gehängt. Wenn das Geburtstagskind schläft, werden die Geschenke um sein Bett verteilt. So kann es sich gleich beim Aufwachen darüber freuen.

In China ...

... gibt es am Geburtstag traditionell Nudeln zum Essen. Die Nudeln können hier mehr als einen Meter lang sein. Sie stehen für ein langes Leben und sollen zudem Glück bescheren.

Nichts Lieblicheres
kann es geben, als sich
über des Nächsten *Glück*
zu freuen und ihm zu
wünschen, was man sich
selbst wünscht.

Brigitta von Schweden *(1303–1373)*
Schwedische Kirchenlehrerin

Die Geburtstagskrone

Geburtstagskinder sollen verwöhnt werden und sich einen Tag wie ein König oder eine Königin fühlen? Wohl wahr, der *Brauch,* eine Geburtstagskrone aufzusetzen, wurzelt allerdings tiefer in unserer Geschichte: Das Geburtstagfeiern war früher eine Sache des Adels. Das arbeitende Volk hatte für solch eine Art von Zeitvertreib nichts übrig. Zudem wurde

selten notiert, an welchem Tag man überhaupt das Licht der Welt erblickt hatte. Aus diesem Grund existierten lange Zeit nur Aufzeichnungen von Geburtstagsfeiern adeliger Leute, die oftmals Kronen oder Diademe trugen.
Man nahm an, dass der *Krone* eine große Bedeutung beim Geburtstagfeiern zukomme. Bis heute hat sich der vermeintliche Brauch gehalten.

Unsere Wünsche sind Vorgefühle
der Fähigkeiten, die in uns liegen,
Vorboten desjenigen, was wir zu
leisten imstande sein werden.
Was wir können und möchten,
stellt sich unserer Einbildungskraft
außer uns und in der *Zukunft* dar;
wir fühlen eine Sehnsucht nach
dem, was wir schon im Stillen
besitzen. So verwandelt ein leiden-
schaftliches Vorausergreifen
das wahrhaft Mögliche in ein
erträumtes Wirkliches.

Johann Wolfgang von Goethe *(1749–1832)*
Deutscher Dichter

In einigen Fällen war es nicht möglich, für den
Abdruck der Texte die Rechteinhaber
zu ermitteln. Honoraransprüche der Autoren,
Verlage und ihrer Rechtsnachfolger
bleiben erhalten.

Coverfotografie: fotolia.de – Alena Stankevich
Fotografien Innenteil: Getty Images/Thinkstock,
Seite 31: fotolia.de – victoria p.,
Seite 38: fotolia.de – Sandra Thiele
Innengestaltung: Eva Schindler
Printed by Tien Wah Press
ISBN 978-3-7607-8653-7

www.arsedition.de